AF603082

LE PANÉGYRIQUE
DU TROIS.

> Monsieur le mort, laissez-nous faire ;
> On vous en donnera de toutes les façons.
>
> LA FONT. VII, fab. 11.

PARIS,

HIVERT, Libraire, rue des Mathurins St.-Jacques, n° 18.
DELAFOREST, Libraire, rue des Filles-St.-Thomas, n° 7.
PONTHIEU, Libraire, au Palais-Royal.

1826.

On trouve chez les mêmes Libraires :

Discussion sur les Rentes.
Discussion sur le Sel Gemme.
Du Projet d'indemnité.
Des Trois pour Cent.
La Chute du Système.
L'Auteur du Système.
La Tribune et le Cabinet.

LE PANÉGYRIQUE

DU TROIS.

> Monsieur le mort, laissez-nous faire;
> On vous en donnera de toutes les façons.
>
> LA FONT. VII, fab. 11.

PARIS,

HIVERT, Libraire, rue des Mathurins St.-Jacques, n° 18.
DELAFOREST, Libraire, rue des Filles-St.-Thomas, n° 7.
PONTHIEU, Libraire, au Palais-Royal.

1826.

On trouve chez les mêmes Libraires :

Discussion sur les Rentes.
Discussion sur le Sel Gemme.
Du Projet d'indemnité.
Des Trois pour Cent.
La Chute du Système.
L'Auteur du Système.
La Tribune et le Cabinet.

LE PANÉGYRIQUE

DU TROIS.

Vous vous élevez contre des projets désastreux; vous en suivez la discussion pas à pas; vous réfutez tous les argumens; vous rappelez les vrais principes; qu'importe! on ne vous écoutait pas. Ici des rêves captaient l'imagination; là, des intérêts enchevêtraient la conscience; le plus souvent, l'indolence et l'ignorance se laissaient mollement bercer au son des paroles de tribune.

La crise éclate bientôt. Est-ce que vous oserez parler de nouveau? Vous aviez raison, on n'a pas su l'entendre; on ne voudra pas le reconnaître. Des causes étrangères auront occasioné tout le mal; il sera survenu tout autrement qu'il ne fut prédit.

Irez-vous rappeler des passages de vos écrits?

Vous n'y pensez pas. Nous sommes en 1826; il y a loin de 1824 et 1825. Nous faisons du neuf.

Voudrez-vous citer les paroles du ministre? Elles ne signifient rien : comment serait-il tenu à savoir ce qu'il dit, lorsqu'on le dispense si bien de savoir ce qu'il fait? Après tout, *ce sont des phrases tronquées qu'on a ramassées dans de vieux journaux* (Journal de Paris, 17 février 1826).

Il faut espérer qu'un tel reproche ne sera pas encouru cette fois. Si les phrases sont encore tronquées, c'est que l'exposé des motifs serait un peu long à rapporter en entier, et que les frais d'impression ne seraient peut-être pas remboursés; mais elles ne sont pas ramassées dans de vieux journaux, à moins qu'il ne faille comprendre sous ce titre, l'*Etoile*, du 11 février.

Ce n'était pas assez pour le ministre, d'avoir attiré par ses sortiléges, quelques gens mal avisés sur le fatal terrain de la conversion et de la spéculation qui s'écroule maintenant de toutes parts; il lui faut encore poursuivre le même système d'embauchage, avec un esprit de persistance et d'impassibilité dont les efforts n'enfantent que des revers, tant qu'il est guidé par l'absurde, tant qu'il s'obstine à l'impossible.

Ce n'était pas assez d'avoir séduit par des promesses fastueuses, d'abord une Chambre, puis les deux Chambres, et d'avoir opéré au nom de la loi, en sens contraire de ce qu'elle entendait, de ce qu'elle exprimait. Il ne lui vient pas même à la pensée que c'est le cas de solliciter un bill d'indemnité, et bien loin d'être atteint par la honte et le repentir, au milieu des ruines entassées par sa main, il ne travaille qu'à préparer le sol trop souvent docile, pour y fonder les bâtisses nouvelles de son imagination.

Au reste, quel que doive être le sens où se fixera l'opinion encore incertaine des législateurs, l'analyse substantielle du discours fiscal ne peut manquer d'être favorablement accueillie, soit par ceux qui, ayant pris la peine de l'écouter, sont peut-être dans l'embarras de comprendre son véritable but, soit par ceux dont l'attention ayant été distraite, sont obligés d'en faire la recherche aux triples colonnes du *Moniteur*, où vont s'éteindre les lumières de la tribune.

On doit commencer par donner les plus justes éloges à l'exposé des motifs, en ce qui concerne le budjet de 1827 et les comptes de 1824 et 1825. L'orateur s'est surpassé ; on reste émerveillé ; on est tenté de soupçonner qu'il y avait de quoi faire un homme, si toutefois la besogne est du même.

« Mais attendez-donc ; à tout prendre, ce budjet, dix fois ressassé, n'est plus que le pont aux ânes : qu'un milliard tombe dans la main et coule entre les doigts ; il n'y a pas là de quoi tant s'étonner. » Ainsi diront les détracteurs ; et le ministre semble être d'accord avec eux, au moins pour l'instant, car sa parole glisse et vole à la surface des lois de finance, pour s'abattre soudain sur une proie quelque peu plus résistante, sur le 3.

Le 3, c'est le crédit ; le crédit, c'est l'Etat ; et ne vous déplaise, l'Etat, c'est le ministre, ou peu s'en faut. L'éloquence ne manque pas en semblable matière. Peuples, faites silence ; vous allez entendre le panégyrique du 3, prononcé à l'occasion de la fête patronale du budjet.

En 1824 et 1825, le ministre répondait de tout ; en 1826, le ministre répond à tout. Son malheur veut seulement que de ce qu'il a dit, rien ne s'est réalisé, et que de ce qu'il dit, rien n'est vrai : d'une part, l'expérience vient en preuve ; de l'autre l'évidence.

Il faut le suivre dans sa prolixe argumentation ; il faut transcrire ses phrases matérielles, avec points et virgules, et en fixer le sens intentionnel à l'issue de sa bouche : trop heureux encore de n'être pas accusé de faux !

« Une crise survenue au dehors a affecté l'opération dans sa nature et dans son importance : la conversion n'a eu lieu que pour 30 millions. »

C'est mal débuter. Le premier fait avancé est faux ; tous les journaux l'ont remarqué : le 6 août les fonds anglais étaient au-dessus de 90. Est-ce une erreur, le ministre est trahi par ses bureaux ; est-ce un calcul, le ministre trompe les Chambres.

« C'est à ce moment que commençait à s'opérer, la chute rapide de tous les fonds publics : les nouveaux fonds ont été, quelque temps, les seuls atteints par la crise. »

Tout se lie. Le second fait est également faux : les fonds anglais n'ont pas bougé, et le 10 août, 4 jours après le terme, les 3 ont culbuté de 76 à 71, sans pouvoir se relever au-delà de 72 50.

« Dans les 30 millions, s'est trouvée comprise toute la partie flottante de la dette. »

Le troisième fait paraît apocryphe, s'il faut en juger par la baisse des 5, en novembre.

« La baisse des 5 à 90, a démontré que le taux de l'intérêt n'était pas la véritable cause qui affectait une rente si bien traitée sous ce rapport. »

Ceci est un dire et non pas un fait : on ne sait à qui il s'adresse, car personne n'a prétendu que l'intérêt élevé fût une cause de baisse ; et de plus on ne peut deviner ce que le ministre a voulu faire entendre par cette phrase : le mot de l'énigme sera sans doute dans l'exposé de 1827.

« Cette baisse a fait juger jusqu'à quel point ce fonds eût été accablé, s'il eût eu encore à supporter tout le poids de la dette flottante. »

Le ministre oublie que le 5 n'a été à 90 qu'un instant et est remonté aussitôt à 93.

Le ministre ignore que la dette flottante, soit qu'elle fasse partie des 5 ou des 3, expose également le cours de l'autre fonds.

Le ministre dissimule que ses plans de finance, adoptés ou rejetés, ont causé le déclassement de 20 à 30 millions de rentes, dont le poids accable réciproquement les deux fonds.

« Les 5 sont de tous les fonds de l'Europe, un de ceux dont le cours a été le moins affecté. »

Cela est vrai, en partant du taux déprécié, auquel les 5 étaient déja réduits, par l'effet des projets ; cela est faux, en partant du taux naturel de 110 à 115 et 120, qu'ils eussent atteint suivant le ministre même, sans les projets.

Ainsi, les 2 et 1/2 de Hollande, se trouvaient fixés à 59, les 5 prussiens à 108 ; et ils n'ont baissé que de 8 pour 100 : tandis que le 5 qui devait se fixer devers 115, aurait baissé de 20 pour 100.

« Les 3 anglais sont tombés du 20 mars 1825, au 31 janvier 1826, de 93 à 80 : et les 3 français n'ont varié que de 75 à 67. »

Il y a ici deux anachronismes : en calculant depuis le 6 août pour les deux fonds, les anglais n'étaient alors qu'à 90 ; en calculant jusqu'au 11 février, jour du discours, les français n'étaient plus qu'à 64.

La différence dans leur baisse, au lieu d'être de 13 à 8, est de 10 à 11 pour 100. Et comment prédire où s'arrêteraient les 3, si leurs étais venaient à manquer.

« Cependant les 3 étaient chargés de porter les deux poids réunis de toute la dette flottante et de la crainte de l'indemnité. »

Quant au poids de toute la dette, s'il y a des preuves, qu'on les expose. Quant à la crainte de l'indemnité, elle était bien insensée, puisque le ministre ne réclame que 1,500,000 francs pour les arrérages, puisqu'au 31 janvier, il n'avait été vendu que 28,000 francs de rentes.

« Ainsi il a dû rester démontré que l'opération, loin d'avoir affecté notre crédit, l'avait préservé, en isolant la partie faible et laissant à la masse plus de force pour lutter avec le mal. »

Les connaisseurs jugeront si, au lieu d'effectuer l'isolement de la partie faible par une opération aussi douloureuse, il n'eût pas été préférable de la laisser se classer et se fondre intimement dans la masse.

« Il a été remboursé à la Banque, depuis le 1er juin, 50 millions prêtés sur certificats d'emprunts et 52 millions prêtés sur lingots; ainsi nos fonds publics ont eu à supporter des remboursemens pour plus de 100 millions. »

L'argent emprunté à la Banque était donc employé en achats ou en reports; et les cours de 75, même de 71, ne se soutenaient que par cette aide factice. On l'a nié long-temps; dans un an, on nous avouera par quelles caisses il est remplacé en ce moment.

« Une des opérations les plus utiles que j'aie pu faire dans l'intérêt du Trésor, c'est celle de l'institution du syndicat..... Les intérêts de la dette flottante ont été moindres de 336,000 francs, dans la dernière moitié de l'année. »

Le ministre a oublié de mentionner quel bénéfice a produit cette opération aux pousseurs à la hausse, en enflant le cours des 3, et quelle perte il en est résulté pour la place, après qu'ils ont réalisé leurs profits.

« Le 31 mars 1825, les petits Grands-Livres possédaient pour quatre millions de rentes; ils en possèdent pour plus de cinq millions. »

On voit que l'année 1824 s'est noyée dans le

cerveau du ministre, sous le flux et reflux de tant de beaux rêves; c'était depuis le 1er mars 1824 qu'il fallait établir le rapport; la différence se fût trouvée en sens inverse.

« Serait-il vrai, comme on l'a dit, que nous eussions abusé du crédit, et que les valeurs créées par l'Etat fussent en disproportion avec les capitaux destinés à ce placement? »

Pourquoi le ministre se justifie-t-il sur ce point? Personne ne l'accuse d'avoir augmenté la masse des valeurs de l'Etat, car la conversion est un simple échange; seulement, il a déprécié, par ses mesures, le taux vénal de ces valeurs; mais c'était sans doute pour atténuer leur disproportion avec les capitaux.

« Notre Grand-Livre sera chargé, en 1827, de 198 millions de rentes; mais ces rentes sont toutes acquittées par les capitaux qui les supportent, et qui avaient besoin de cet emploi, puisqu'ils l'ont librement adopté. »

Ainsi toutes les rentes sont acquittées par des capitaux libres; il n'existe donc point de capitaux étrangers qui supportent les rentes; il n'y a donc point de reports. Tout le monde se trompait à cet égard, et le ministre lui-même, car il vient de dire le contraire.

« Au moment où je parle, sur 24 millons de 3, les rachats s'élèvent à 2 millions 400,000 francs. Encore quelques mois de ce secours utile, et toute la rente flottante sera rachetée ou classée. »

Le ministre a déclaré plus haut que toute la dette flottante était passée dans les 3. Or, il en a été racheté pour 2 millions 400 mille francs; dans six mois il en aura été racheté pour 1,600,000 francs: et cela fait, il ne doit plus rester de dette flottante; d'où il suit qu'elle s'élevait seulement à quatre millions, car le classement ne peut être considérable en si peu de temps. C'est la première nouvelle qui en soit donnée.

« Nul doute que le 3 ne reprenne bientôt le cours avantageux que lui assigne notre état florissant.... Cet effet nous procurera les moyens de rembourser les fonds onéreux, et d'emprunter avec moins de charges.... Le crédit est assez solidement établi pour ne réclamer que la persistance dans la voie adoptée... Vous diminuerez bientôt l'intérêt de la dette; au besoin, vous feriez des emprunts à un intérêt moins élevé... Désormais, vous ne pourrez plus vous trouver dans l'alternative, ou de racheter au-dessus du pair, ou de renoncer à l'extinction de votre dette. N'eussiez-vous tiré de l'opération que cet avantage actuel, elle mériterait autant d'éloges qu'on s'est plû à lui adresser de critiques. »

Quant à cet avantage actuel, il est bien et dûment acquis à l'Etat, attendu que, graces aux mesures fiscales, les 5 mêmes se trouvent dans l'impuissance de remonter au pair. Le ministre se glorifie dans ses œuvres.

On attendra que le 3 se soit élevé quelque peu, pour calculer s'il y a plus de profit à le racheter à 80 ou 85, au-dessous du pair fictif, qu'à racheter le 5 à 105 et 110, au-dessus du pair réel.

A l'égard des garanties de la hausse des 3, le ministre a toujours l'attention de réclamer les bons offices du temps; et par contre, le temps a toujours la prétention d'évincer les rians espoirs du ministre. Laissons-les se débattre ensemble.

Toutefois, il faut rendre justice. Le ministre avait la main, et il s'est donné beau jeu. L'indemnité ne doit tomber que goutte à goutte; l'amortissement va travailler sur la plus large échelle. Au cours de 65, il rachète par an environ quatre millions, dont il convient de déduire un million échappé à l'indemnité; ainsi, les 3 se raréfieront et s'élèveront presqu'aux nues; on n'obtiendra pas le dernier coupon au-dessous de 99 francs 99 centimes.

Or, le 3 n'est jamais qu'un engin à emprunts; nous allons donc emprunter. Si ce beau jour est attermoyé à l'année 1835, huit cent millions auront été dépensés pour la façon de l'engin; et Dieu sait s'il sera de force à supporter le poids de cent millions seulement.

Le ministre n'a pas encore appris, qu'à la Bourse, ainsi que dans toute la nature, l'intensité de la puissance s'établit en raison directe de la masse, en raison inverse de la hauteur.

En ce moment, il est occupé de tout autre soin : à la manière dont il cherche à s'en justifier, on voit que le transport de l'amortissement aux 3, ne laisse pas de le tracasser.

Le ministre traite d'abord de la convenance fiscale, puis de la convenance morale de cette mesure ; sous le premier rapport, ce ne sont que chiffres sur chiffres dont la somme totale, au moyen des additions et des soustractions légitimes, équivaut à zéro ; sous le second rapport, ses périodes sont toutes rayonnantes des grands mots d'égards, de justice et de loyauté, dont l'académie tolère encore l'emploi.

Mais pour un homme d'Etat, ce n'est point la fiscalité, pas même la moralité qui lui fait la loi : ce qui lui fait la loi, c'est la loi.

Vainement le ministre dit : « Si la loi eût voulu décider la question dans le sens qu'on suppose, elle l'eût fait, elle eût dû le faire. »

L'argument est trop facile à rétorquer. La loi ne prononce formellement, ni dans le sens qu'on suppose, ni dans le sens qu'il suppose. Un état de choses existait; la loi le modifie par une disposition négative; elle fait une exception. Ce qui n'entre pas dans l'exception, reste sous la règle(1).

(1) Voyez la Tribune et le Cabinet, page 20.

Et comment la loi aurait-elle été induite à se prononcer en faveur des rentiers, lorsque le ministre ne cessait de proclamer son intention imperturbable de racheter des 5 seulement, aussitôt qu'ils seraient au-dessous du pair?

Comment la loi aurait-elle été accueillie par le ministre, si elle s'était portée à imposer, au détriment des rentiers, une prescription tout-à-fait contraire au plan qu'il avait développé devant les Chambres?

Or, écoutez ses paroles, littéralement extraites de différens passages qui ont été transcrits ailleurs (1) :

« La nouvelle combinaison *se réduit* à interdire le rachat des rentes au-dessus du pair......... Quand les 5 tombent au-dessous du pair, *l'avantage évident* de l'Etat est de les amortir préférablement aux 3........ L'Etat fera tout ce qu'il s'est engagé à faire, *en soutenant* le prix de la rente jusqu'au point où il peut la rembourser........ Le seul droit des 5 est de participer à l'amortissement lorsque leur rente est au-dessous du pair, *et c'est ce que la loi leur accorde*....... Aussitôt que les 5 tomberaient au-dessous du pair, *le devoir de l'amortissement* serait d'y reporter ses rachats. »

Réduit maintenant à se réfuter ou à se renier

(1) Voyez l'Auteur du Système, page 12.

lui-même, le ministre a fait choix de cette dernière ressource : « Aussi a-t-on cherché, dit-il, dans de s paroles tronquées ou interprétées dans un sens contraire au système que j'ai soutenu, et que les Chambres ont adopté, un moyen de contraindre à la violation des termes et de l'esprit de la loi, à l'oubli de la justice et de la loyauté envers les rentiers, à l'abandon des véritables intérêts de l'Etat. »

Ainsi le ministre eût violé l'esprit de la loi, en restant fidèle à ses engagemens; il eût oublié la justice envers les rentiers, en continuant de racheter leur effet; il eût abandonné les intérêts de l'Etat, en agissant dans son avantage évident. Voilà ce qu'on apprend, au moyen de ces paroles *tronquées* à la tribune, en cinq séances, de ces paroles *interprétées* par l'orateur même, à dix mois de date.

En vérité, tout cela passe les bornes accoutumées de la crédibilité. On hésite, on répugne à y porter foi. L'évidence semble laisser quelqu'ombre de doute; la loyauté se sent assaillie par des scrupules renaissans. Il faut craindre de s'être trompé; il faut le désirer plutôt.

FIN.

A. PIHAN DELAFOREST,
IMPRIMEUR DE MONSIEUR LE DAUPHIN.

LA TACTIQUE
DE TRIBUNE.

Si tu avances, je recule : si tu recules, j'avance. Il paraît que ce proverbe, né sur les bords de la Garonne, est en passe de faire fortune à Paris.

Le 2 mai, M. Casimir Perrier demande un délai pour le développement de sa proposition relative à l'amortissement. On s'obstine à le refuser : s'il n'est pas prêt à parler, on est d'autant plus prêt à lui répondre.

« La question qui s'élève, s'écrie l'ancien rapporteur des 3 pour 100, a un caractère d'urgence... Elle se rattache au crédit public qui est incompatible avec toute espèce d'inquiétude.... L'ajournement aurait un caractère en quelque sorte alarmant et nuisible à la sécurité du crédit.

« Lorsqu'on porte atteinte au crédit public, reprend le Ministre, en disant qu'on a manqué de foi à tel ou tel au profit de tel ou tel, on doit être en état de soutenir cette accusation.... La Chambre a le devoir de demander qu'une semblable proposition ne reste pas, comme l'épée de Damoclès, suspendue sur la tête d'un fonctionnaire loyal et sur le crédit du pays. »

Voilà beaucoup de grands mots, quand le plus petit mot aurait suffi.

Le rapporteur va profiter de l'occasion, pour montrer son savoir-faire. Jusque-là nous croyions tous, et les Anglais croyaient comme nous, que les billets de l'échiquier, analogues à nos bons royaux, avaient toujours flotté entre 25 et 40 millions, et que leur escompte ou leur prime, se calculait à raison d'un scheling par 100 liv. sterlings, c'est-à-dire dans la proportion d'un deux millième.

Nous apprenons par lui, 1° que l'Angleterre a émis pour un milliard de billets de l'échiquier dans l'année; 2° qu'elle en a négocié à 20 pour 100 de perte : en conséquence de quoi, la Chambre est suppliée de suivre la belle carrière qu'elle s'est préparée et de faire recueillir aux Français les fruits de ce qu'ils ont si généreusement semé (1).

---

(1) Nous ne pouvons douter que c'est à notre nouveau système de crédit que nous devons cet avantage inappré-

Après ces préliminaires, le ministre prend la parole pour répondre à une explication donnée en faveur de l'ajournement.

« *Le Moniteur* doit contenir la citation faite par le ministre des finances, du discours qu'il a prononcé et dans lequel l'idée dont parle le préopinant est non-seulement renouvelée, mais complétée.

« Puisqu'il n'a pas voulu vous la faire connaître tout entière, je vais vous la lire moi-même. C'est devant vous, messieurs, que l'idée a été complétée par le ministre des finances en répondant à un discours de M. Mestadier, dans la séance du 23 mars de l'année dernière, et les paroles

---

ciable, puisque naguère ce crédit était en dépression, quand celui de nos voisins était en progrès. Alors les 3 pour 100 étaient à 96 pour 100 en Angleterre, et aujourd'hui ce pays, après avoir émis pour un milliard de billets de l'Echiquier dans l'année, et en avoir négocié à 20 pour 100 de perte, en a consolidé une partie à l'intérêt de 4 pour 100, avec accroissement de capital de 7 pour 100.

Et c'est de cette position relative, si honorable pour le pays, et qui peut être si décisive pour la garantie de la prospérité, que nous pourrions risquer de descendre, en appelant l'inquiétude où tout doit être sécurité. Non, messieurs, nous n'hésiterons point à suivre la belle carrière que nous nous sommes préparée : nous n'hésiterons pas à faire recueillir au pays, aux contribuables, les fruits de ce qu'ils ont si généreusement et si péniblement semé. (*Discours de M. Huerne de Pommeuse,* séance du 2 mai.)

que je vais citer sont textuellement contenues dans *le Moniteur* du 26 mars p. 449 : « En effet, les fonds viennent-ils à baisser (car ce n'est que dans cette circonstance qu'on aura des 5 pour 100 au-dessous du pair), je vous demande s'il y aura embarras pour le directeur de l'amortissement? N'est-il pas clair, et par ce qui a été dit, et par le tableau qui a été mis sous vos yeux, que dès le lendemain du jour où les 5 pour 100 tomberaient au-dessous du pair, l'intérêt de l'Etat est d'acheter du 5 pour 100? à moins qu'il ne se présente une circonstance bien extraordinaire, et qui n'est pas à prévoir, c'est-à-dire que les 3 pour 100 n'en soient affectés *hors de proportion.* »

« Voilà, messieurs, ce qui dans l'autre Chambre a mis hors de contestation le point sur lequel on prétend vous toucher, c'est-à-dire l'exactitude à remplir la foi promise. Retirons donc cette citation de la discussion. » (*Moniteur* du 4 mai.)

Or, le Ministre qui se plaignait, dans l'exposé des motifs, qu'on l'attaquait avec des phrases tronquées, qui se plaint à cette l'heure qu'on n'a pas voulu faire connaître son idée tout entière, est pris lui-même en flagrant délit et se défend avec des phrases tronquées, se refuse à faire connaître son idée tout entière.

En effet, le passage qu'il a cité était immédiatement suivi de deux paragraphes qu'il n'a pas cités, lesquels remettent en contestation le point débattu, c'est-à-dire l'exactitude à remplir la foi promise.

« Supposons que, le crédit étant successivement affecté, il soit douteux si l'intérêt de l'Etat exige que l'amortissement se porte plutôt sur un fonds que sur un autre ; dans ce cas, le directeur de l'amortissement ne manquera pas d'opérer sur les divers fonds, d'après la quotité de leur création. Il se conformera alors aux dispositions de l'amendement ; car, étant en présence du public, il sera toujours conduit à opérer de manière à ne donner lieu à aucune plainte contre lui.

Supposons la circonstance extrême dans le sens opposé à la première supposition que j'ai faite. Supposons que les divers fonds publics éprouvent *une très-grande baisse*, et que de cette baisse il résulte une différence peu appréciable dans l'extinction des intérêts et *une différence immense dans l'extinction des capitaux*. Ici, sans avoir à craindre le moindre reproche du public, devant lequel il a à comparaître, le directeur de l'amortissement fera porter l'action de l'amortissement sur les 3 pour 100, jusqu'à ce que, cette circonstance étant passée, il revienne encore à faire opérer sur les divers fonds, en proportion de la somme pour laquelle ils ont été créés. » (*Moniteur* du 26 mars 1825.)

Maintenaut on ne sait trop auquel entendre ; car le Ministre n'en finit pas et ne conclut rien à travers ses paragraphes entortillés : c'est sa méthode habituelle de passer le temps à dire et se dédire, à débiter sans relâche le pour et le contre, le oui et le non, le blanc et le noir. D'où il suit, à son bénéfice, qu'il ne se défend jamais mieux contre ses paroles qu'avec ses paroles, et qu'après s'être perdu par ses paroles, il se sauve toujours par ses paroles; d'où il suit pour notre leçon, que si chaque phrase échappée de sa bouche devait compter pour valeur en loi, tout serait loi et rien ne serait loi.

Cependant quelque vagues que soient ses expressions prises à part, quand elles s'accordent et coïncident, il semble juste de leur supposer quelque sens plus ou moins précis; et ces mots : *hors de proportion, très grande baisse, différence immense*, ne laissent pas de porter à l'esprit une impression forte et durable.

Telles étaient les conditions qui, dans l'idée du Ministre au moment où il parlait, devaient motiver le transport du fond d'amortissement, en tout ou partie, au profit des trois. Il ne reste plus qu'à reconnaître si au cours de 72, les 3 pour 100 étaient affectés *hors de proportion;* si une inflexion de 3 fr. sur leur cours, et de 1 fr. sur le cours des 5, constituait *une très grande baisse;* enfin, si en achetant du 3 à 72, plutôt que du 5 à 99, il en résultait *une différence immense* dans l'extinction des capitaux.

Quoi qu'il en soit, les paroles du ministre sont du même poids, ont la même autorité, les unes et les autres; et, s'il y a opposition entre elles, d'autant la foi est profonde et fervente, d'autant l'esprit se trouve en peine, en angoisse, en perplexité.

« Certes, disent les sectaires, le prophète n'a pas tort. Nous devons croire plutôt que nos sens sont perclus. » Tout le monde est d'accord à cet égard. Mais il faut agir : et comment faut-il agir? Que dit la parole du maître? Les bonnes gens ne peuvent se tirer de ce mauvais pas, et resteraient dans l'inextricable embarras de l'âne de Buridan, si quelque mécréant ne venait leur porter aide.

« Mes amis, dit-il, ainsi qu'il y a fagots et fagots, il y a paroles et paroles. Et d'abord les paroles franches valent mieux que les louches; puis les paroles réitérées valent mieux qu'une parole isolée; ensuite les paroles proclamées à haute voix valent mieux qu'une parole glissée à la sourdine; enfin et par-dessus tout, les dernières paroles valent mieux que les premières : car l'homme peut changer d'avis, peut même se repentir, à ce qu'on dit.

Errare humanum est, persèverare diabolicum.

Or, d'après les discours prononcés à la Chambre des Pairs, il paraîtrait que le ministre n'entendait point mourir dans l'impénitence finale;

et, en tout cas, les pairs ont reçu sa foi en dépôt, ont pris acte de ses promesses, ont voté en conséquence, de sorte qu'il n'est plus en droit de les retirer.

« La loi était *in extremis :* il fallait être clair et cathégorique; il fallait satisfaire l'opinion. Le ministre n'a pas hésité; ses paroles ont été sans réserve.... Là, il a renoncé à la réserve exprimée dans l'autre Chambre; il y a renoncé pour repousser un amendement. La loi a donc passé sous la condition que le 5 ne serait pas privé de son amortissement. » (Discours de M. Perrier.)

Or voici les paroles sacramentelles.

2 avril 1825. — La nouvelle combinaison de l'amortissement se réduit *à lui interdire le rachat au-dessus du pair* des rentes que l'Etat a le droit de rembourser. Pour trouver dans cette disposition un moyen détourné pour forcer à la conversion, il faudrait prouver deux choses : l'une, que lorsque les 5 pour 100 sont au-dessus du pair, *on a encore le droit d'exiger que l'Etat les rachète au cours;* la seconde, c'est qu'en employant les fonds de l'amortissement à racheter les rentes au-dessous du pair, on donne à celles-ci un tel avantage qu'on force les porteurs des 5 à prendre des 3 pour 100.

16 avril 1825. — L'intention du Gouvernement n'est pas de priver, d'une manière absolue, les 5 pour 100 du bénéfice de l'amortissement. *Si les rachats doivent cesser à leur égard,* c'est *seulement* quand ils sont au-dessus

du pair; mais *quand ils tombent au-dessous, l'avantage évident de l'Etat est de les amortir* préférablement aux 3.

26 avril 1825. — Mais, dit-on, cette conversion n'a rien de facultatif, le choix n'est pas libre, la volonté du rentier est contrainte par *la menace* qu'on lui fait de le *déshériter* de toute part à l'amortissement, s'il persiste à demeurer dans les 5 pour 100. C'est une erreur, et la loi proposée ne dit rien de tel : *elle interdit le rachat des 5 au-dessus du pair,* parcequ'elle suppose l'existence d'un autre fonds au-dessous de ce taux; *mais aussitôt que les 5 tomberont au-dessous du cours de* 100, les rachats recommenceront, parcequ'*il sera dans l'intérêt de l'Etat* de racheter plutôt des 5 que des 3, et ainsi les possesseurs des 5 n'éprouveront *aucun dommage*, puisque l'Etat fera pour eux *tout ce qu'il s'est engagé à faire,* en soutenant le prix de leur rente *jusqu'au point où il peut les rembourser.*

27 avril 1825. — Comment pourrait-on donc soutenir qu'il résulte de ce qui s'est passé depuis la restauration, un droit formel pour les porteurs des 5 pour 100 d'absorber une partie de l'amortissement, qui pourrait se porter ailleurs avec plus d'avantage? *Le seul droit* qu'ils aient est de participer à l'amortissement *lorsque leur rente est au-dessous du pair, et c'est ce que la loi leur accorde.*

28 avril 1825. — On insiste cependant, et l'on soutient que les petites rentes jetées sur la place sans acheteurs, produiront du désordre et feront tomber les 5 pour 100; si cela était vrai, le remède serait à côté du mal, *puis-*

qu'aussitôt que les 5 pour 100 tomberaient au-dessous du pair, le devoir de l'amortissement serait d'y reporter ses rachats; ce qui, dans le système de l'amendement, ne pourrait pas avoir lieu, la répartition du fonds étant invariable. (*Auteur du système*, p. 12.)

Il était convenable de rappeler ces paroles aux Chambres, et même au ministre, car le discours du 12 mai démontre qu'elles étaient tout-à-fait sorties de sa mémoire.

En cette occasion, le ministre s'est borné à citer trois fragmens de ses réponses à M. Humann, à M. Mestadier et à un troisième orateur, qui sont vagues et obscurs, au point qu'on peut en conclure tout ce qui plaira : et sans avoir fait mention de ses paroles à la Chambre des Pairs, bien que M. Perrier en eût cité une partie, il a terminé son oraison à la manière de Scipion l'Africain.

« J'ai fait voir que dans les paroles proférées à l'une et l'autre tribune, dans une discussion qui remplit six *Moniteurs*, on n'en peut trouver une seule qui soit en contradiction avec le système soutenu par les ministres dans cette discussion, et mis depuis par eux en pratique. »

Mais c'est de plus fort en plus fort, s'écrierait Paillasse, s'il était juge compétent en cette sorte de tours de force.

Comment, le ministre n'a rien dit des paroles proférées devant les pairs, n'a rien cité de la discussion qui remplit six *Moniteurs !* et partant de ce silence même, il affirme d'abord qu'il n'y a pas de contradiction entre les paroles et les actes; ensuite que le système soutenu à la tribune et le système mis en pratique, ne sont qu'un.

Cependant dans une loi, il y a autre chose que des paroles de tribune : peut-être son texte est-il de quelque poids, peut-être même son esprit n'est-il pas sans valeur.

Or, selon le premier orateur : « Il était défendu en fait, en droit, en équité, d'exécuter l'article 3 ainsi qu'on l'a fait. »

« Et dans l'opinion du second orateur, cet article ne contient qu'une disposition exceptionnelle qui déroge à la législation générale, mais en un seul point seulement qu'elle détermine ; disposition qui cesse de produire son effet à l'instant où la circonstance pour laquelle elle a été créée, disparaît. »

Eh bien, le ministre se tait, ne répond pas un mot. On lit seulement dans *le Moniteur :* « Quant à la loi de l'année dernière, je vous en ai suffisamment rappelé l'esprit. »

A l'égard du texte, le ministre ne le rapporte pas, ne le discute pas; comme si la loi était privée de texte, ou comme si le texte était privé de force.

Tout l'artifice de sa logique se borne à supposer *à priori*, que le texte et l'esprit de l'article 5 sont manifestement conformes à son bon plaisir : et cet axiôme étant établi, il ne cesse de reprocher à ses adversaires de vouloir changer la loi ou en fausser le sens. Rien n'est plus curieux.

« Je n'aurais pas cru que sérieusement on vînt à cette tribune vous proposer de changer la disposition de la loi... Tout ce qui a été dit est une attaque directe contre la loi existante : la proposition a réellement pour objet la modification de la loi.... Gardez-vous, messieurs, de faire ce qu'on vous demande aujourd'hui... Si vous aviez ordonné de racheter des 5 pour 100 au-dessous du pair, vous auriez été en opposition avec l'intérêt du pays, avec le crédit, avec la justice.... J'ai prouvé qu'il n'existe aucun engagement de cette sorte, ni dans la loi de 1816, ni dans celle de 1825. » (*Moniteur* du 14 mai.)

Comme on vous mène, messieurs, vous l'apprenez à temps! Où l'on vous mène, messieurs, vous le saurez trop tard !....

Ici la discussion se terminait, s'il n'était pas d'étiquette de tenir la tribune pendant trois quarts d'heures et de couvrir trois colonnes du *Moniteur*.

En conséquence, le ministre s'étendra sur la nécessité d'acheter les fonds qui sont à meilleur marché, sans songer nullement à spécifier l'acception de ce vain mot : le ministre avancera que la concurrence dont il est parlé dans la loi veut dire que les achats seront faits au meilleur marché possible, bien qu'il sache qu'elle doit être entendue autrement.

Et bientôt, venant à toucher une corde qui vibre fortement, le ministre s'élèvera contre l'iniquité et l'indignité de retirer l'amortissement aux 3 pour 100, au moment de l'émission du second cinquième de l'indemnité; comme si l'indemnité que le 3 écrase et qui écrase le 3, concevait une autre espérance que de le voir couler à fond, afin de gagner quelque port voisin; comme si l'indemnité, toute sacrée qu'elle puisse être, était investie du droit de dépouiller les rentiers, de violer la foi et compromettre le crédit, d'interpréter à son profit le texte parlant, l'esprit avéré de la loi.

Il n'y a lieu à répondre à ces argumens subsidiaires et subséquens, qui se sont bien gardés d'apparaître lors de la discussion de la loi, tant ils étaient faciles à réfuter, et qui après son adoption ne présentent plus que des lieux communs tout-à-fait oiseux.

La loi est faite : la question est de savoir, non pas dans quel sens elle devait être conçue, mais dans quel sens elle doit être comprise.

Et même, dans ce moment, il s'agit bien moins de reconnaître comment elle est faite, comment elle doit être entendue, que de démontrer comment le ministre l'entendait dans l'origine, et l'a entendue jusqu'au terme de la conversion.

Or, sous ce point de vue, un fait existe, incontestable, irréfragable, un fait qui met au néant tant de vains propos, qui ferme la bouche au ministre et brise la plume de ses adversaires, un fait qui domine la matière.

Reportons-nous en 1825 : « La hausse des 3 est assurée par la combinaison du ministère.... L'élévation progressive de leur cours rendra un emprunt plus favorable.... Delà résultera la facilité d'emprunter des 3 à 80 ou 85.... Les 3 présentent moins de chances de perte sur le capital. »

Ainsi parlait le ministre, et voici comment parlait la loi :

Art. 3. « Les sommes affectées à l'amortissement ne pourront plus être employées au rachat des fonds publics, dont le cours serait supérieur au pair. »

L'accord est parfait : l'ouvrier et l'œuvre se tiennent également à la hausse ; dans l'intention du ministre et dans la rédaction de la loi, rien ne laisse soupçonner la prévision de la baisse. Et de quelque désastre qu'il puisse être affligé, la leçon est imposée à l'avenir.

« Le texte de la loi n'exprime qu'une prohibition, qu'une disposition négative.

« Les 5 montent-ils au-dessus du pair? Les rachats s'arrêtent sur les 5, et se reportent sur les 3. La loi en reste là.

« Les 3 tombent-ils au-dessous du prix d'échange? La loi ne dit rien : faites une autre loi; et, en attendant, agissez comme s'il n'y avait pas de loi, puisqu'il n'y a pas de loi qui vous parle. » (*La Tribune et le Cabinet*, *page* 20.)

C'est cette idée qui maîtrisait alors le ministre, et qui a persisté long-temps.

L'ère assignée à la faculté de conversion s'ouvre, s'avance, se ferme; et le ministre garde son idée. En vain le cours des 3 se traîne et languit; l'espérance se rejette sur les faveurs du temps, sur le succès des manoeuvres.

Deux pensées préoccupent toutes les puissances de l'esprit : il faut coopérer à l'ascension préméditée de l'effet, au moyen des reports et des achats, libres ou forcés, fictifs ou réels; il faut recruter au profit des bandes éparpillées de la conversion, au moyen des promesses et des menaces, sauf à n'effectuer ni les unes ni les autres.

L'histoire secrète, qui devient toujours publique avec le temps, dira à nos neveux scandalisés, jusqu'à quel point l'intrigue et l'astuce se sont exercées, afin d'accomplir, sous l'un et l'autre rapport, leur digne vocation (1).

Eh bien ! pour s'épargner tant de trouble, et de honte, et de risque, pour élever à la fois le cours des 3 pour 100 et le nombre des amateurs, il ne fallait qu'un mot. Et d'où vient que ce mot n'a pas été dit? A Dieu ne plaise que le blâme en incombe au ministre! Il était innocent.

Telle est la triste condition de l'homme, que l'idée ne germe pas, ne se récolte pas dans le cerveau, à l'appel de ses vœux, au gré de ses besoins; la maligne qu'elle est, semble se complaire plutôt à s'esquiver au moment opportun, pour survenir et surprendre après coup. Rien n'est rare comme l'à-propos.

Le mot capital, le mot cabalistique se réduisait à annoncer et garantir le transport de l'amortissement au soutien des 3, aussitôt que leur cours tomberait au-dessous de 75.

Et si ce mot n'a point été dit, c'est que l'idée n'en est pas venue en tête, c'est qu'elle n'était pas contenue dans la loi, c'est qu'elle n'était pas conçue lors de sa rédaction.

Dans ces temps, déja presque effacés de la mémoire, le ministre entendait la loi ainsi que l'en-

(1) Voir *la Tribune et le Cabinet.*

tendaient les Chambres, ainsi que l'entend tout le monde. Il fallait que l'expérience lui tînt lieu de prescience, que la fatalité lui conférât le don de l'interprétation.

Donc, à bien dire, le débat n'existe qu'entre lui et lui-même, entre l'être à la hausse et l'être en baisse, entre la première pensée et les dernières paroles.

Donc, si le ministre comprend bien la loi maintenant, il la comprenait mal naguère : s'il a raison, il avait tort. Son étoile aventurée, passant de phase en phase, aura subi les influences alternatives du bon sens et du *non-sense*.

SUITE.

LA séance du 20 mai mérite, à bien des titres, d'être accolée aux séances du 2 et du 12 mai. Aussitôt que le ministre entre en scène, il n'y a plus moyen de se contenir, de se réprimer : si douce et si louable habitude ne se perdra jamais.

Le 12 mai, la Chambre passe à l'ordre du jour sur la nomination d'une commission chargée de rendre compte de l'exécution de la loi de 1825. Le 20 mai, la Chambre rejette un amendement tendant à partager l'amortissement entre le 5 et le 3.

La Chambre a eu raison deux fois.

Rien n'était plus inutile que de nommer une commission exploratoire et investigatrice, lorsque les deux lignes et demie de l'art. 5 sont sous les yeux de tout le monde, lorsque les achats des 5 pour 100 sont toujours présens à la pensée.

Et ce n'était pas dans la discussion du budget, sous forme d'article additionnel, à la queue d'un article relatif aux dépenses de la dette publique, que devait être présenté un amendement sur l'emploi de l'amortissement.

Ainsi l'ordre du jour et le rejet n'indiquent nullement l'opinion de la Chambre, ne préjugent en rien la question.

Le seul acte qui porte quelque sens, est le renvoi au bureau des renseignemens, dans la séance du 13 mai, d'une pétition concernant le partage de l'amortissement. Il s'ensuit que la Chambre est dans le doute, qu'elle reste en suspens. La Chambre avisera.

Peut-être attend-elle des lumières nouvelles? Peut-être espère-t-elle le retour bénévole du ministre? En tout cas, les mesures fiscales n'étant point entravées, on verra d'autant mieux que cet enfant gâté du 3, avantagé au détriment de son aîné, est un malheureux avorton né de l'union de l'agiotage et de la déception. (*Discours de M. Perrier.*)

Il faut rendre à la Chambre mille et mille actions de grâces; il faut se reposer sur les espérances qu'elle laisse concevoir; il faut coopérer à l'œuvre méritoire que le temps semble lui réserver.

Au moment où il sera jugé à propos de s'occuper sérieusement de l'amortissement, la question devra être considérée, soit en point de droit, dans l'intention d'établir un système légal, soit en point de fait, avec le dessein d'apprécier le mode mis en pratique.

Jusqu'à cette heure, ces deux faces de la question ont été trop confondues et se sont ainsi embrouillées : on a oublié que c'était chose toute différente de rechercher comment la loi doit disposer à l'avenir du fonds de l'amortissement, et d'examiner comment le ministre en a disposé depuis près d'un an.

Sous le premier rapport, les opinions peuvent hésiter et se contrarier : sous le second, il n'y a pas même matière à discussion. Le texte de l'article 3 est un fait, le rachat des 3 pour 100 est un fait; qu'on rapproche ces deux faits, et qu'on juge s'ils sont en accord ou en contraste. Ce jugement ne sera jamais qu'un fait.

S'il plaît d'acquérir une double conviction, qu'on se rappelle de plus les derniers discours du ministre, les premiers actes du ministre, et qu'on observe si les uns et les autres ont été confirmés ou infirmés par sa conduite postérieure. Le résultat sera encore un fait.

L'évidence est telle, à cet égard, que le ministre a pris le parti de se résigner au silence. Sans doute il espère gagner sa cause par des fins de non-recevoir, et il craindrait de compromettre le succès en plaidant au fond.

Son discours du 20 mai en apporte la preuve. Excepté sur la question, il y a de tout en ce discours, comme si quelqu'instinct secret excitait à promener les esprits d'un sujet à l'autre, à les distraire, à les détourner.

Nous y apprenons d'abord, pour notre édification, que M. Corvetto n'a fait inscrire illégalement aucune rente ; que sous l'empire une inscription a été refusée au grand-livre ; qu'enfin les rouages de l'administration sont combinés de sorte à donner des garanties contre les ministres. (*Etoile*, 20 *mai.*)

C'est une attention fine de la part du ministre, de nous mettre en paix sur un point qui ne nous portait aucun trouble.

Des assertions suivent, lesquelles, à défaut d'être prouvées, sont données pour évidentes, et sans doute seront repoussées comme absurdes. « On vous demande, en faveur de la stabilité, des changemens ; au nom du crédit, une mesure fatale au crédit ; dans l'intérêt des rentiers, une chose contraire aux rentiers. » (*Etoile.*)

Puis il est affirmé que notre crédit, dans la crise actuelle, a été à peine affecté, que nous n'avons éprouvé qu'une légère commotion ; que les fonds étrangers ont baissé hors de toute proportion avec les nôtres. (*Etoile.*)

Mais, pour qui nous prend-on, devraient s'écrier les auditeurs? Ne savons-nous pas que les 5 pour 100 sont tombés, depuis huit mois, de 76 à 65 (semestre déduit), et qu'ils menacent fort de baisser davantage?

Ne savons-nous pas qu'en partant du 6 août, pour les 3 français et anglais, les premiers ont perdu 15 pour 100 sur le cours de 76, les seconds 11 pour 100 sur le cours de 89; ce qui constitue une différence sensible à notre préjudice.

Ensuite il est avancé que les causes de notre crise se trouvent certainement dans ce qui s'est passé dans un pays voisin et dans la réaction matérielle qui en a été sa suite. (*Etoile.*)

Mais, diront les auditeurs, nous n'avons pas oublié que 400 millions ont pris congé du grand livre, manquent aux appels de revue et laissent un grand vide dans les rangs. Et certes, les projets qui ont occasioné leur retraite, ne se sont pas passés dans un pays voisin, ne nous ont pas été imposés par une réaction matérielle.

Plus loin, à l'occasion du partage de l'amortissement entre les trois fonds : « Quel est ce partage? dit le ministre, comment le ferez-vous entre les 5, les 4 ½ et les 3? Ce partage est tout-à-fait arbitraire. (*Etoile.*) »

On donne au plus fin à deviner comment l'arbitraire, quelque puissant qu'il soit, parviendrait à se faufiler entre ces trois chiffres ronds, 110 millions, 1 million et demi et 24 millions. Faut-il croire encore à l'étoile du ministre?

Enfin, et c'est toujours le ministre qui parle, « En haussant fictivement les 5 pour 100, vous feriez baisser les 3 pour 100, et les porteurs des 5 les vendraient pour entrer dans les 3; au lieu que l'Etat achetant ceux qui sont au plus bas prix, il ne peut arriver aux rentiers que ce qui est le plus juste à leur égard. » (*Etoile.*)

Eh bien ! que le ministre ne fasse donc plus racheter que des 5. Les 3 monteront de même, puisque les vendeurs des 5 y entreront; et chacun sera content.

Mais qu'est-ce que le ministre veut dire, en parlant des fonds qui sont au plus bas prix? Ce mot est-il entendu sous le rapport du capital? On lui répondra qu'il n'y a point de capital dans une rente non remboursable, de même qu'il n'y a point de rente dans un capital prêté sans intérêt.

La rente représente les fruits; le capital rend l'image du sol. Dans le contrat de constitution, le sol est aliéné irrévocablement, le capital est comme éteint par confusion: il ne survit, il ne subsiste qu'une redevance en fruits.

Vous plaît-il de racheter cette redevance? Vous faites bien, si le prix est modéré; vous faites mal, s'il est exorbitant. Mais, en tout cas, ce n'est pas le capital ou le sol que vous restituez : vous payez avec des fonds d'autre sorte ; vous achetez comme personne tierce et à prix défendu.

Un jour, il ne vous conviendra plus ou il ne conviendra pas à vos neveux, de se libérer de la redevance. Et dès-lors le capital supposé s'évanouira comme une ombre légère, se retirera aux espaces imaginaires ; dès-lors rien ne sera plus indifférent à vous comme à eux, que le 3 se soit élevé au cours de 100 fr., que le nain soit devenu un géant.

FIN.

A. PIHAN DELAFOREST,
IMPRIMEUR DE MONSIEUR LE DAUPHIN,
rue des Noyers, n° 37.

www.ingramcontent.com/pod-product-compliance
Ingram Content Group UK Ltd.
Pitfield, Milton Keynes, MK11 3LW, UK
UKHW021957260726
13994UKWH00004B/1812

9 782329 334042